LOS CUENTOS DE TÍO CONEJO

PARA LEER Y COLOREAR

CLASICOS
ROXSIL

Gelio Tomás Guzmán López

LOS CUENTOS DE TÍO CONEJO

Una Recopilación de Cuentos de El Salvador

NARRACION:
Evelia Guzmán

ILUSTRACIONES:
Alexander Tomás Guzmán Korth

5301
COLECCIÓN BORLITA
EDITORIAL CLÁSICOS ROXSIL
ISBN 84-89899-54-1

1ª edición
Editorial Clásicos Roxsil, 1995
2ª edición, 2001
4ª reimpresión, 2008

Portada:
Diseño, DEPARTAMENTO EDITORIAL
Colores, IMPRENTA Y OFFSET RICALDONE
Dibujo, ALEXANDER TOMÁS GUZMÁN KORTH
Ingeniero en Sistemas Electrónicos, 1970

Dirección y coordinación editorial:
Roxana Beatriz López de Portillo

Clásicos Roxsil
NOMBRE REGISTRADO
4ª Avenida Sur Nº 2-3
Santa Tecla, El Salvador, Ca.
Teléfonos (503) 2229-6742 y (503) 2228-1832
Telefax (503) 2228-1212

INDICE

A la memoria de mi padre Tomás Guzmán Iraheta, indigenista y folclorista por excelencia. Y a mi madre, la Niña Lola, que me inspiraron desde el más allá. A mi esposa Karin, a mi hijo Alexander y a mi hija Stephanie, asiduos oyentes de los cuentos de la Tía Eve. Al contador de cuentos, el Tío Pila y a todos los demás narradores anónimos de Chiltiupán.

El autor.

LOS CUENTOS DE TÍO CONEJO

DE COMO EL CONEJO TIENE LAS OREJAS LARGAS

Al principio del mundo, cuando fueron creados todos los animales, el Conejo tenía las orejas muy cortas, casi como de ratón. Su pequeña estatura le molestaba mucho y continuamente se quejaba y lamentaba. Una vez, encontró al Sapo, que tenía una piel sedosa y suave y lucía un cuerpo esbelto y hermoso.

El Conejo le confesó:

— Ay, Tío Sapo. ¿Por qué me hizo Dios tan pequeño e indefenso? Todos los animales me persiguen y tengo que esconderme. Creo que iré al cielo para pedirle a Tata Dios que me haga más grande. Vamos, si quiere me acompaña.

— Bueno, Tío Conejo; pero tenga en cuenta que por eso lo hizo tan vivo, pero si no está conforme así, pues vámonos... tal vez a mí también se me ocurre pedirle algo... pero como soy taaaan hermoso...

Y así los dos subieron al cerro más alto que encontraron y de allí más arriba. Treparon por el arcoiris y después siguieron saltando de nube en nube. Pasaron en medio de un gran rebaño de chivitos y llegaron a la primera puerta del cielo, donde encontraron al Guardián que les dijo:

— ¡Sólo puede pasar uno de ustedes!

— Entonces, se queda usted voluntariamente, Tío Sapo— dijo el Conejo, dándole tal empujón al pobre Sapo, que cayó, cayó y rodó por un huiscoyolar hasta quedar, para toda la eternidad, aplastado y lleno de verrugas.

Finalmente, el Conejo llegó ante Dios y le explicó su deseo:

— Señor; hágame más grande, para así reinar entre los animales.

— Bueno —respondió Dios— mirá Conejo. Yo a cada animal le he dado sus cualidades y tienen que saber hacer uso de ellas. No es necesario la fuerza ni el tamaño.

— Pero Señor; ¡¡ sólo un poquiiiito !!

Entonces Dios lo cogió de las orejas dándole una vuelta hacia adelante y otra hacia atrás, hasta que se las estiró.

— Ahí tienes— le dijo —mírate ahora en la sombra que da el sol.

Y así con todo y sus orejas, el Conejo se veía enorme, y muy ufano y creído regresó a la tierra.

Desde entonces es el «Orejas Largas».

LOS CUENTOS DE TIO CONEJO Y TIO COYOTE

DIENTES QUEBRADOS

Una vez, el Conejo dormía apacible en su nidito de zacateconejo cuando de pronto, con toda suavidad, llegó Tío Coyote y le puso la pata encima:

— Hoy no te escapas, Conejo. Hoy te como.

— ¡Ay! Pero tiíto, no ve que sólo soy huesitos y no le quito el hambre pero ni a una hormiga. Pero qué le parecen los zapotes tan maduros de aquel palo. Yo con todo gusto se los bajo.

— Mmmmm... probémolos, pues.

Y, ágilmente, de un salto, el Conejo subió a las ramas del árbol.

— Tío Coyote —le gritó desde arriba— qué ricos están estos zapotes. Qué maduritos. A ver, le voy a tirar uno. Pero mejor abra bien la boca porque están que se deshacen.

El Coyote abrió lo más que pudo la boca y a todo esto Tío Conejo, pícaro como siempre se había rebuscado entre las ramas hasta encontrar el zapote más duro y verde.

— Ahí le va, Tío Coyote.

¡Qué aulllidos los que daba el Coyote cuando del zapotazo se le quebraron todos los dientes!

El Conejo se retorcía de la risa, llenándose la barriguita de sabrosos zapotes, mientras el Coyote corría por todos lados dando aullidos lastimeros.

— ¡Adiós, Tío Coyote, dientes quebrados!...

COYOLES QUEBRADOS

Después de los dientes quebrados, el Tío Conejo huye perseguido por el furioso Tío Coyote. Al ver que lo va alcanzando se mete a un huiscoyolar. El Coyote llega y lo amenaza:

— ¡Hoy sí te agarré! ¡Hoy te como!

El Conejo, como que si nada, se dedica a quebrar y comer coyoles.

— ¿Qué haces, Conejo?

— Estoy comiendo «mis» coyoles. Están riquísimos. ¿Quiere probar?

Y da un coyol al coyote.

— De veras que están buenos. Dame otro.

— Ya no tengo. Pero cómase los suyos. No más ponga uno sobre una piedra pacha y con otra piedra lo quiebra y se lo come.

El Coyote hace lo indicado y el alarido resuena en los peñascos.

El Conejo sale corriendo y canta burlándose:

— ¡Adiós Tío Coyote, dientes quebrados, coyoles quebrados!...

COLA QUEMADA

Habían pasado los meses y llegaba el verano, y los pastos, zacatales y mogotes de caña brava y chimichaca se habían secado. El Conejo andaba buscando comida en un barranco sin salida, cuando vio llegar al Coyote que andaba en las mismas de buscar alimento.

— ¡Ay! Hoy sí nos llegó el día, se quejaba el Conejo, al mismo tiempo que ponía las manos contra una peña como si la estuviera sosteniendo con gran fuerza.

— ¡Hoy sí no te salvas, Conejo! Hagas lo que hagas.

— Bueno, Tío Coyote. Cómame y buen provecho... si así lo quiere. Pero le advierto que si suelto esta peña se viene la guerra y se pierde el mundo.

El Tío Coyote desconfiaba de los lamentos del Conejo y así pasaron más de una hora discutiendo, mientras el Conejo permanecía en la misma posición.

— Bueno, Tío Coyote —suspiró el Conejo— Ya no aguanto más. Si quiere cómame pues y que se pierda el mundo... O si usted es tan amable y me quiere ayudar mientras yo voy a tomar agua...

Y allí tenemos al Coyote teniendo la peña con todas sus fuerzas y sudando a chorros.

Entre tanto el pícaro Conejo había prendido fuego a la machorra, y por todos lados se oía la tronazón de las cañas y se veían las llamas que rodeaban al pobre Coyote.

— Mejor que se pierda el mundo y no mi precioso pellejo— dijo entonces el Coyote, que al no ver escapatoria soltó la roca y subió la ladera quedando todo chamuscado y con la cola negra.

Allá bien arriba, saltaba Tío Conejo, riéndose y cantando, mientras pensaba que ahora mejor debería tomarse vacaciones de las cacerías de Tío Coyote:

— ¡Adiós Tío Coyote dientes quebrados, coyoles quebrados, pelo quemado... por apangado!

EL TIO CONEJO Y LA SANDIA DEL SEÑOR CURA

Pasaron los días y terminó el verano; las primeras lluvias hicieron reverdecer las lomas. Comenzaron las siembras y el Tío Conejo disfrutaba de lo lindo al tener a su disposición tiernos brotes de maíz, zacate, frijol y otros.

Pero lo que esperaba con más ansias eran las sandías de Nana Chana. Su marido, el Señor Chon, las cuidaba día y noche por ser las más dulces, jugosas y grandes jamás vistas. Su mujer le recordaba cada día:

— Cuídalas bien, Chon, que la más grandota se la llevaremos al Cura.

No fueron pocas las veces en que la granizada de perdigones de la guata de Ñor Chon, por poco le quemaron el rabo al Conejo, el cual no perdía las esperanzas de saborear una sandía. Por fin, un día, el señor Chon se enfermó y no llegó al campo...

El Tío Conejo aprovechó la oportunidad y se hartó de sandías. Al encontrar la más grandota y sabiendo que era la del regalo para el Cura, frunció el hocico pensando en una buena picardía.

Con gran cuidado quitó un trozo de la cáscara, se comió el interior para después depositar sus chibolitas en el hueco. Finalmente tapó la sandía con cuidado y se alejó con una sonrisa de oreja a oreja.

Al domingo siguiente Nana Chana y Ñor Chon iban camino al pueblo, con la gran sandía en el lomo. Los ojos del señor Cura brillaron de alegría al recibir aquella ofrenda. Pero poco después, en el almuerzo se le encendieron de cólera al descubrir la jugarreta del Conejo. Sólo porque era el señor Cura no echó mil maldiciones, o por lo menos no se le oyeron. Aún así la noticia cundió por el pueblo y Nana Chana muriéndose de rabia, juró vengarse. Mandó a los cipotes a sacar colmenas de meltatía y con la cera reunida hicieron un gran muñeco, lo untaron de brea y lo pusieron a la orilla del sandial.

Al atardecer pasó por ahí Tío Conejo y llevándosela de educado lo saludó:

— ¡Buenas tardes, amigo!

Por supuesto que el mudo muñeco no respondió el saludo y el Conejo al no recibir respuesta se enojó y le lanzó una patada.

— Aquí tiene, por mal educado— quedando pegado inmediatamente en la brea.

— Suélteme o le doy una ganchada — y ¡zás! quedó pegado de la mano y así hasta quedar pegado de las cuatro patas y por fin le dió un panzaso y quedó capturado por completo.

Llegó Nana Chana y con gran regocijo tomó al Conejo y lo metió en un matate, echándole un buen tortolo y lo colgó de las ramas de un palo de morro.

— Como castigo, maldito Conejo, te voy a meter un asador caliente en el mero fondillo, para que aprendas a vivo.

Metió el asador en la hornilla en la que echaba tortillas y atizó el fuego. Se alejó por unos momento para esperar a que el asador se pusiera al rojo vivo.

En eso, debido al infortunio que siempre arrastraba consigo, pasó el Coyote y al ver prisionero al Conejo no pudo contener su alegría:

— Vaya Tío Conejo, al fin encontró la horma de su zapato.

— ¡Qué va a ser, Tío Coyote, mire usted que cosas! Nana Chana y Ñor Chon, que son gran cheros míos, van a dar una gran fiesta. Han matado un tunco, gallinas... y han cocinado los mejores manjares que usted se pueda imaginar y a la fuerza quieren que me quede.. y usted sabe que yo no como carne. Y esas chuletas, piernas, fritada, chicharrones, costillas, pechugas, ¡ay nooooo! No son para mí. Pero a usted Tío Coyote ¿Qué le parece? Si quiere, métase en el matate en mi lugar y se da gusto. Ya sabe que Nana Chana es algo choquita y no lo notará.

Y allí tenemos al Coyote en el matate, con la boca haciéndosele agua. En eso, regresó Nana Chana y con gran asombro y espanto vió al Coyote dentro del matate.

— ¿Así es que también sos brujo, Conejo? ¿Con que haciéndote Coyote? Pero ni así te escaparás... ¡Y ahí va el asador pa'dentro!...

Los aullidos del Coyote se oyeron hasta el amanecer. El Conejo hasta tuvo lástima y entonces sí definitivamente lió sus bártulos y dando saltitos mientras cantaba se alejó de aquellos lares:

— ¡Adiós Tío Coyote, dientes quebrados, coyoles quebrados, pelo chamuscado, c... quemado,... por apangado!

EL TIO COYOTE Y EL QUESO

Una vez, el Tío Conejo caminaba de noche dando saltos y comiendo sus hierbitas. Al atravesar una quebrada vio como la hermosa luna llena se reflejaba en una poza. Inmediatamente el cerebro de Tío Conejo empezó a trabajar al ver que el Coyote se acercaba y se proponía, como ya otras veces, atrapar al Conejo para comérselo.

— ¡Hoy sí te como, Conejo!

— ¡Ay, tiíto, no ve qué seco estoy. Si no le sirvo ni para un pequeño bocado. Pero mire, ¿qué le parece aquel rico queso que está en la poza...?

— Mmmm... No está nada mal— dijo entonces el Coyote— que ya se le hacía agua la boca.

— Bueno —dijo el Conejo— es mío; yo lo estaba guardando... pero por ser usted, se lo doy. Bébase no más el suero y después se da gusto.

Y ahí tenemos al Tío Coyote, trago tras trago. El agua se le salía por las orejas, por los ojos y... por detrás, mientras que la poza no bajaba para nada.

— ¡Ay, Tío Conejo, ya no puedo más!

— Aguante, Tío Coyote. Le voy a conseguir un tapón.

Y entrando al monte, el Conejo hizo un tapón de hojas de chichicaste, se lo metió al Coyote por el fondillo... y ...

El Conejo pasó un largo rato parando las orejas y muriéndose de la risa al oír los aullidos del Coyote que se alejaba a la carrera, adolorido.

El TIO CONEJO Y EL BUEY

Había una vez un tigre viejo que vagaba por los alrededores de las haciendas de la costa allá por Cara Sucia. En una quebrada había un aguadero y el ganado bajaba a beber agua. El Tigre como no había podido cazar nada se fue a la quebrada para vigiar las reses. En la tarde se subió a la rama tendida de un palo a esperar, porque sabía que en la mañana llegarían los animales. Ahí se estuvo, cuando de repente casi a medianoche se vino una tormenta con huracán, quiebra la rama y se lleva al suelo al Tigre y lo apresó por la nuca y ahí quedó el Tigre afligido que no podía escaparse.

Como a las nueve de la mañana venía un buey, tamaño bueyón, y el Tigre se alegró y se dijo:

— Vaya, hombre, ahí viene un buey y ese sí me puede ayudar.

Cuando el Buey olfateó al Tigre salió de reculada, y ya no quería bajar a tomar agua.

El Tigre le gritó:

— Venga, Tío Buey, acérquese por favor y ayúdeme.

— Ajá, pero es que usted es algo traicionero.

— Cómo va a creer, venga y nada le pasará. Hagamos un trato.

— ¿Y qué le pasó, Tío Tigre?

— Pues fíjese que yo venía anoche bajando por aquí. Quería beber agua y ver si encontraba algo para comer, cuando el huracán botó la rama y me cayó encima, y aquí estoy que no puedo zafarme. Y usted con esos grandes cabos bien pudiera levantar la rama para que yo me salga.

— Lo que pasa es que usted es traicionero y si lo sacó de ahí me va a querer comer.

— No, cómo va a creer que lo voy a comer después de que me haga ese gran favor.

— Bueno, lo voy a sacar pero con esa condición, que no me vaya a comer.

— No, palabra de honor, que no lo como.

Y con los cuernos el Buey levantó la rama y salió el Tigre todo doliente, sacudiéndose.

— Vaya, qué fregada, ya estaba cansado de estar ahí y lo peor es la gran hambre que tengo y quizá usted me va a servir de desayuno.

— Acuérdese del trato. Y después de que le hice un bien me quiere comer.

— Pues así es la cosa y como dice el dicho: *Un bien con un mal se paga.*

— Pero en este caso no puede ser así.

— ¡Como no! Si tengo dos días de no comer y tengo hambre y ya que se da la oportunidad y viendo que usted está tan gordo...

— Pero no, así no más no acepto. Sólo si primero vamos donde el Juez.

El Juez era un gran palón de almendro macho que estaba en medio de la calle y daba una gran sombra y todos los que pasaban al mediodía buscaban el frescor e iban a sombrearse.

— Vamos pues, pero verá que lo mismo que yo le digo nos va a decir el Juez.

Y los dos se fueron camino al árbol.

— ¿Qué les pasa, señores? ¿En qué puedo servirles?

— Vea , señor Juez —dijo el Buey— Yo ando en un problema. Le he hecho un favor a éste y ahora él me quiere comer, porque dice que un bien con un mal se paga. Y ahora venimos a donde usted para que nos defina cómo es.

— Pues cabalmente —dijo el Juez— así es; un bien con un mal se paga.

— Ya vio, Tío Buey. ¡Voy bien!

— Pero ¿cómo es eso, Señor Juez?— protestó afligido el Buey.

— Pues bien. Fíjese en mí. Yo hago la gran sombra y todos los que pasan por aquí se sombrean y ahí están en lo fresco y después cuando ya se van zafan el corvo de la vaina y chas, chas... me machetean. Después de que les he hecho el gran favor de refrescarlos me hieren. Así con un mal me pagan el bien que les he hecho.

— Bueno, ya vio Tío Buey. Usted es mío.

— Un momento, todavía falta. Vamos a ir donde el Alcalde.

Y el Alcalde no era otro que el Tío Conejo. Y llegaron ante él.

— ¿Qué les pasa señores? ¿A qué han venido?

— Mire, señor Alcalde —respondió el Buey— Tengo un problema y una pregunta. Un bien, ¿con qué se paga?

— Mmmmm —dijo el Conejo— Un bien con un mal se paga.

— Vio, vio, Tío Buey— gritó contento el Tigre— Se lo dije. Véngase. ¡Ya no hay de otras!

— Espérese. ¿Cómo es eso señor Alcalde? Vamos a ver.

— Bueno, dijo el Alcalde. ¿Y en qué investigación andan ustedes?

— Pues mire. El problema es con éste. Allá estaba debajo de una rama y me pidió que lo sacara y yo le hice el favor de levantarla para que no estuviera allí. Y hoy quiere comerme.

— Bien —continuó el Alcalde— Todos sabemos que un bien con un mal se paga. Pero en este caso... vamos a ver qué dicen los libros.

Y empezó a estudiar los libros y buscó a otros para que le ayudaran. Por fin, después de muchas horas... habló:

— Ehhhh... bueno... los libros dicen que hay que ir a una investigación. Y vamos todos para allá. Los secretarios, el Juez y yo también. A investigar al sitio cómo fue. Como dicen, al lugar de los sucesos. ¡Vamos todos!

Y se fue la caravana. Al rato llegaron al lugar donde había estado atrapado el Tigre.

— Aquí es— dijo el Buey— aquí es el punto.

— Vaya que no— agregó el Tigre— Ahí estaba yo debajo de la rama.

— Ajá— dijo el Alcalde— Muy bien... Pero la investigación tiene que ser muy minuciosa y tienen que hacer los pases que hicieron, porque los hombres aquí tienen que apuntar todo para consultar los libros.

—Ah — reclamó el Tigre— Pero si ahí estaba yo debajo de la rama.

— Pero eso no es suficiente. Vaya, Tío Buey, levante la rama con los cabos y usted métase así como estaba— ordenó impaciente. Porque los hombres tienen que tomar nota.

— Pero si yo estaba ahí— insistió débilmente el Tigre.

— Nada de peros... vamos, entre, métase...

Y, ¡zás!, al ver que el Alcalde se ponía serio el Tigre viejo se metió.

— Hoy usted póngale la rama encima. Tal y como estaba— indicó al Buey.

— ¿Así estaba usted, Tío Tigre? ¿Seguro que no puede zafarse? Entonces así déjelo. Y aprenda. No le ande haciendo favores a éstos. ¿No ve que son traicioneros? Porque si no hubiera sido yo, ya tiempos que se lo hubiera hartado.

Y colorín, colorado, que este cuento ha terminado.

EL TIO CONEJO COMERCIANTE

Aburrido de molestar y hacer travesuras, el Conejo decidió establecerse como agricultor. Compró un solarcito, construyó su casita y se dedicó a preparar la tierra y a sembrar toda clase de granos.

Una vez se encontró cinco pesos y se le vino la idea de comprar unas cuantas libras de frijoles para sembrar. Así hizo su frijolar y pasó todo el invierno cuidándolo, abonándolo y desyerbándolo, hasta la cosecha. Lo arrancó, lo asoleó, lo aporreó, y lo sopló, obteniendo dos costales de frijol de primera calidad. Al siguiente domingo salió a ofrecer su producto, yendo primero donde la Tía Cucaracha.

— ¡Días le dé Dios, Tía Cuca! Vengo por un negocito. Le ofrezco los mejores tinecos del año.

— ¿Y a cómo me los deja, Tío Conejo?

— Ya le dije que son de primera, pero por ser usted, ¡se los voy a dejar a veinte pesitos por los dos sacos!

La Cucaracha aceptó, y trato hecho y nunca deshecho.

— Pero, fíjese Tía —agregó el Conejo— como tengo mucho que hacer, lléguese mañana a mi casa a las cinco y media de la madrugada, pero puntualito, por favor.

Seguidamente se dirigió a casa de la Tía Gallina a seguir con su empresa, ya que iba comenzando a fraguar una picardía.

— ¡Días le dé Dios, Tía Gallina! Mire como pienso en usted. Le traigo los mejores frijoles que se hayan visto.

— ¿Y a como están, Tío Conejo ?

— Pues, por ser usted, se los dejo en veinticinco pesitos los dos costales.

— Vaya pues, ¿y a qué hora puedo pasarlos a recoger?

— Mire, *al que madruga Dios le ayuda.* Digamos mañana, bien tempranito. A las seis, pero en punto, por favor, porque tengo otros negocitos que atender.

Y con el mismo cuento se fue donde la Tía Zorra, el Tío Tigre y finalmente donde el Tirador. A cada uno le aumentaba el precio de sus sacos en cinco pesos y los citaba a recoger los frijoles en la mañana, media hora más tarde a cada uno.

Al nomás se estaba coloreando el cielo y cuando todavía se veía en todo su esplendor el **Nixtamalero,** apareció la Cucaracha por la casa del Conejo. Este la recibió con todas las atenciones y después de embolsarse los veinte pesos, la empezó a entretener.

— Qué gusto de verla, Tía Cuca. Le voy a enseñar mi casa. Mire, este es el horno donde hago mis salpores, y esto... y lo otro... y aquello.

A las seis de la mañana, el Conejo aparentó asustarse:

— ¡Ay, Tía Cuca, allá viene la Gallina! No sé que quiere. Pero vea que se la puede comer. ¿Qué hacemos? Mire, métase dentro del horno para que no la vea.

Al llegar la Gallina, el pícaro Conejo recibió primero su pago, para después comenzar con los cuentos, al ver que la Gallina quería marcharse. Que mire mi solarcito... que vea mi casita... que mire... Hasta las seis y media que venía en camino la Zorra.

— ¡Ay, Dios, si es la Tía Zorra! ¡Y esa sí me va a comer!— se quejaba la Gallina- ¿Qué hacemos?

— Ay Tiíta, escóndase dentro del horno para que no la vea.

La Gallina se metió al horno y al recobrarse del susto, se sorprendió por la compañía que tenía y de un picotazo se comió a la Cucaracha.

A todo esto el Conejo platicaba con la Zorra y a las siete, cuando apareció el Tigre, se embolsó su dinero y empezó con la misma jugarreta, hasta que escondió a la Zorra en el horno. Y ¡ay!, cuál fue la sorpresa de la Zorra, que de un bocado terminó con los días de la Gallina.

Y así cuando llegó el Tirador,... el Tigre al horno y la Zorra en la barriga del Tigre.

Ya con el Tirador, el Conejo sí tuvo que cerrar el trato con los frijoles, pero ya por cuarenta pesos. Cuando estaba amarrando los costales al aparejo de la mula, le dijo suavecito el Conejo:

— ¡Ay, señor Tirador, si supiera quien está en el horno! Y lo peor es que ha amenazado con comerme cuando usted se vaya. ¿Qué hago señor?

— No se aflija, Tío Conejo — y sacando su escopeta guata, apuntó y soltó dos tiros entre las dos brasas que se veían en la oscuridad del horno.

— ¡Muchas gracias, señor! Hoy sí puedo vivir tranquilo (Y más aún con todo el pisto de estos a los que estafé).

El Tío Conejo quitó el cuero al Tigre, lo estacó, le echó ceniza con sal y lo dejó secar al sol. A los pocos días tenía ya una reluciente piel de tigre.

— Bueno— dijo entonces el Conejo— Iré al pueblo a vender este cuero y después compraré algunas babosadas. ¿Pero ir a pata? Tan lejos... No hombre. Para eso están los amigos.

Se dirigió al monte y gritó:

— ¡Ooooy, Tío Cusucóoooooooo!

Y al salir éste de su cueva, le propuso:

— Tío Cusuco, lo invito al pueblo a echarnos unos tragos... pero présteme su albarda.

Y así pues, vemos al Conejo montado en el Cusuco rumbo al pueblo. Ya allí, el Conejo se compró una buena mudada y después se pusieron una buena cirindanga juntos. Guardó cinco pesos para comprar nueva semilla y sembrar otro frijolar (a ver que se le ocurriría ahora). En la noche regresaron en lo oscuro al monte, peregueteando por todo el camino, dándose barquinazos y cayendo en los charcos....

Y me monto en un potro, para que me cuenten otro.

EL TIO CONEJO SACRISTAN

Pues es que ahora tenemos a nuestro amigo, el Conejo, en la más total de las desesperaciones y no es para menos. El pobre Conejo se encontraba en la total lipidia, nadie lo quería ver ni en pintura, nadie le quería dar posada ni trabajo ni alimento por temor a una de sus tantas fechorías. Como dicen estaba bien fichado. Así, finalmente el Conejo al ver su desgracia se dijo:

— ¡Hoy sí ya no puedo seguir así, si no me muero! Ni modo, ¡voy a ver si por lo menos el señor Cura se apiada de mí!

— Buenos días señor Cura, mire, que hoy sí me encuentro en la peor de las desgracias y vengo a ver si no tiene un lugarcito para este pobre e inocente Conejito.

El Cura que tampoco confiaba en tal malandrín, finalmente se apiadó del Conejo y le respondió:

— Está bien, Conejo, te voy a poner a prueba como Sacristán... ¡Pero ay de ti si me cometes alguna travesura!

— No, Padrecito, si ya verá que voy a ser un Conejo ejemplar.

Así pues, ni modo, el Conejo tuvo que reformarse y pronto se acostumbró a sus oficios. Limpiaba los Santos, reponía las velas, barría y trapeaba toda la Iglesia, desyerbaba los rosales y de vez en cuando le preparaba el café al Cura. El Padre, muy satisfecho con la transformación del Conejo, le dijo cierto día:

— Veo que has sabido aprovechar la oportunidad, Conejo, y te felicito. Y para que veas que verdaderamente admiro tu esfuerzo te voy a dar tu paga del mes y te voy a dar permiso para que este domingo, después de misa, salgas a reunirte con tus amistades, o por lo menos des una tu choteada.

El Conejo salió el día señalado, encontrándose ni más ni menos que con su viejo amigo el Tío Coyote.

— ¡Qué tal tiíto! No me tenga miedo, mire que hoy sí me he reformado... con sólo decirle que estoy de Sacristán en la Iglesia. ¿Por qué no me viene a visitar un día de estos? Pero después de misa, para que no haya problemas con el Padrecito.

El Coyote, que no podía guardar su asombro, accedió a la invitación del Conejo, ya que él también andaba algo corto de amigos, últimamente.

Así fue como el Coyote visitaba al Conejo todos los domingos después de misa para pasar un rato alegre, charlando sobre las jugarretas de antaño. Hasta que cierto domingo el Conejo descubrió una botella de vino de consagrar y decidió invitar a su chero a un par de tragos.

— ¡Pero qué bueno está este vino, Tío Conejo! ¿Y dónde lo consiguió?

— ¡Ah, pues ya ve, las moviditas de uno!

Trago tras trago, la reunión se fue poniendo cada vez más alegre hasta que el Tío Coyote ya no aguantaba la gran borrachera que se había puesto.

— ¡Ayyyy no.... ya no Tiíto Conejo...ayayayyaayy ya no...no...no...noooo!!

— ¡Ay Tío Coyote. Hombre! No se me ponga culistío ...echémonos unos cuantos traguitos más.

Y cual fue la desgracia mayor, cuando el Conejo y el Coyote, flotando en su nube de vino y ebriedad entraron en la Iglesia, empezaron a pintar a cuanto Santo encontraban, bigotes, cejas y barbas.

Cuál no sería el susto del Cura, quien al regresar de dar los últimos alientos a un pobre desahuciado se encontró con un montón de santos bigotudos, cejudos, barbudos y unos hasta pintados con ojeras y anteojos... y lo mejor de todo, el Conejo y el Coyote tendidos en el confesionario, roncando a pierna suelta.

— ¡Fuera de aquí, par de malandrines, sinvergüenzas! ¡Miren lo que han hecho! ¡¡Vaya Sacristán el que me vine a conseguir!! ¡Fuera! ¡Fueraaaa!

Y dándoles sendos puntapiés, mandó a los dos traviesos rodando calle abajo hasta que ambos chocaron contra el pozo de la plaza, donde después de echar una ojeada aturdida y balbucear unas tres palabras, se recostaron uno contra otro para seguir su siesta y dormir su tremenda zumba.

EL TIO CONEJO Y LAS CHANCLETAS DE LA ABUELITA

Erase un año que se había venido un verano muy duro. Todo estaba reseco. Las quebradas apenas llevaban un hilito de agua. El zacate escaseaba y Tío Conejo decidió acercarse al pueblo en busca de alimento. Visitó varias casas pidiendo trabajo pero como la fama lo precedía, nadie quería acomodarlo.

— No, Tío Conejo. Sólo hay trabajo de responsabilidad y cuidado. Y usted tan juguetón, a la menos se va y ...

Y así de casa en casa. Por fin llegó donde el Peche Macario, que vivía en un ranchito algo apartado del pueblo en compañía de su abuela.

— ¡Ay, Peche! Aunque sea por agua y comida — y casi se le hincaba, rogándolo— Yo hago lo que quieras.

— Bueno, voy a probarte la última vez. Yo tengo que salir a la capital por unos días y te vas a quedar aquí. Vas a cuidar a mi abuelita; le darás de comer, la sacarás a asolear y mantendrás limpia la casa, el corredor y el patio.

— Dicho y hecho, Patrón. Váyase tranquilo que su abuela no estaría mejor en el Asilo Sara. Seré como un nieto para ella. Descuide y haga sus cosas. Salúdeme a los cheros en la Capi.

Y el Conejo tomó posesión de su empleo. Barre que barre. Limpia que limpia. Y abuelita para acá, abuelita para allá. Los amigos pasaban invitándolo a salir.

— Unos traguitos, Tío Conejo. Una chiveadita o sólo a dar una vuelta a la plaza del pueblo.

Pero el Conejo permanecía más fuerte que las rocas de la playa de Shalpa. Hasta que un día no se aguantó y se dijo:

— Bueno. Un ratito no hará daño. La viejita está durmiendo. Dejaré encendida la hornilla para que no le vaya a dar frío.

Y salió disparado dirigiéndose a la jugadera que se había organizado debajo de un gran conacaste.

¡Que otra manita! ¡Que la última tirada! ¡Que paro al siete! Y así hasta la madrugada.

De repente se vino un gran nortazo y pronto una gran bulla en el pueblo y cundió la noticia: Se quemó el rancho del Peche. ¡No sacaron nada!

El Conejo se apersonó al rancho y sólo encontró un montón de cenizas y escombros.

— ¡Ay, abuelita! ¿Dónde está?

Pero nadie contestaba. Al día siguiente llegó Macario.

— ¡Pobrecita mi abuelita! ¿Quién me dijo que confiara en el Conejo? Si lo encuentro lo mato. Poco a poco lo voy a ir asando en el horno.

El Conejo, que buscaba entre los restos, no encontraba como salir huyendo sin ser visto. Quería esconderse pero el Peche se acercaba cada vez más.

— Nada quedó— se lamentaba — Ni su sillita. Ni su ropita. E iba cogiendo los restos y los tiraba lejos al otro lado de la calle.

Al Conejo se le vino la idea salvadora. Se metió debajo de un volcán de ceniza dejando por fuera sólo las orejas, planas, sobre el suelo.

— ¡Ay! — seguía gimoteando el Peche— Aquí están las chancletas de mi abuelita y bien chamuscadas. Ya no sirven.

Y cogiéndolas las tiró con fuerza lo más lejos que pudo. Detrás de las orejas iba disparado el Conejo, hizo tres piruetas en el aire y aunque cayó de panza, se recuperó y salió corriendo. Desapareció entre los matorrales y se salvó una vez más.

EL HOJARASQUIN DEL MONTE

Después de tanta mala pasada el Conejo se fue a echar pulgas a otra parte y llegó a otros parajes dispuesto a regenerar su vida. El lugar estaba cubierto de montes y pajales y no faltaba el alimento. Pasaba un río de aguas muy cristalinas que albergaba infinidad de cangrejos, juilines, jutes, sapos y hasta lagartos.

En su primer día en aquel lugar, el Tío Conejo se fue derechito al bebedero, pero al querer probar el agua para ver si estaba fría un enorme cangrejo negro, lo atrapó de la patita con la tenaza.

— Aquí, primero se saluda y se pide permiso— dijo con voz ronca el Cangrejo, al mismo tiempo que halaba al Conejo hacia el agua.

— Además, usted sería un buen bocado para el Tío Lagarto —agregó— tirándolo más.

— ¡Ay señor! —le respondió el Conejo— aguantando el dolor. —Soy un pobre conejito patojo y usted me ha agarrado mi bordoncito.

El Cangrejo, dudando, aflojó un poco y el Conejo aprovechó el momento para escapar.

— Así se engañan los bobos con manteca de garrobo, demen otro poquito para engañar otro bobo.

Sin embargo, el Conejo aprendió la lección, de tal manera que no iba a calmar su sed sin antes saludar a medio mundo, a todos los habitantes del río, uno por uno, haciéndose el «buena gente».

Pero, *gallina que pica huevos...* por fin no se aguantó y empezó a tirar sus bromitas.

Un día, estaban Tío Cangrejo y Tío Sapo contándose sus cuitas, cuando llegó el Tío Conejo y se le salió la caja de lustre:

— ¿A dónde vas, ramazón? ¿A la ciudad de bocancha? —refiriéndose al modo de caminar del Cangrejo y a una cualidad física del Sapo.

El Sapo entendió la alusión, se enojó y echó leche. Desgraciadamente no tuvo pulso y bañó al Tío Cangrejo. Y desde entonces hay cangrejos chilates.

Otro día, encontró a Tío Sapo y se disculpó por lo pasado:

— Perdone Tío Sapo, pero no pensaba en ofender a nadie. Vea, aquí tengo un teco-mate lleno de miel y lo invito a saborearla.

El Sapo, confiado, salió del agua.

— Bueno, Tío Sapo, aquí está el tecomate. Cierre los ojos y abra la boca lo más que pueda.

El pícaro Conejo había robado el tecomate que contenía un enjambre de abejas. Furiosas, éstas salieron y la emprendieron con el pobre Tío Sapo. Cuentan que de la gran chuceada que le dieron, desde entonces quedó borroñoso para toda su vida.

En otra ocasión, el Conejo encontró una pelota diule y jugaba carambola pegándole con un palo. En eso salió el Tío Lagarto y el Conejo lo invitó a jugar:

— Toqui dos y carambola; vamos Tío Lagarto a jugar bola.

Pero sin darle tiempo al Lagarto a prepararse dio tremendo pelotazo al Lagarto en la frente que le hizo dar una voltereta cayendo todo azurumbado. Desde entonces el Lagarto tiene un tomate en la frente y es su punto vulnerable.

Ya con tanto fregar, los animales del río se confabularon y no dejaban beber agua al Conejo. Desesperado y cuando ya no aguantaba la sed, se inventó un plan al divisar un colmenero que sacaba un chumelo. Inmediatamente derramó el guacal con miel, se untó todo el cuerpo y fue a revolcarse a un hojarascal, quedando grifo de hojas pegadas, con un aspecto que realmente daba miedo.

Así y haciendo mil ademanes de ser un terrible monstruo fue acercándose al río. Al verlo, todos los animales huyeron despavoridos a refugiarse en sus cuevas. Sólo el más valiente, la Lagartija, le preguntó:

— ¿Quién eres, espantoso hermano ?

— Soy el **Hojarasquín del Monte** y no hay quién me pare la mano.

Y así se hartó de agua y se sacudió su disfraz, alejándose nuevamente, riéndose de su salida. Pero no era cosa de cada día y así decidió mejor regresar a su antigua heredad.

— Con el Tío Coyote me entiendo mejor y, además, me hace mucha falta.

LA MUERTE DE TIO COYOTE

Después de la experiencia con los animales del río, el Conejo volvió a su tierra, jurando portarse bien. El Tío Coyote que ya extrañaba un buen almuerzo de Conejo, lo vio venir y en ese momento creyó tener la idea del siglo.

— Bueno, —pensó— probaré un truco. Me haré el muerto y cuando el Conejo se acerque, lo atrapo y me lo como.

Dicho y hecho. Se tiró patas arriba completamente tieso. Al verlo el Conejo, que no era ningún sencillo, se hizo el loco y se lamentó:

— ¡Ay,se murió Tío Coyote...! ¡tan buen amigo que era! ¿Y ahora quién será el bobo que se deje engañar?

El Coyote tenía que aguantarse porque creía que su treta estaba dando resultado; mientras el Conejo, guiñando un ojo y sonriéndose continuaba:

— Bueno, voy a acariciar a mi amigo por última vez, antes de que se lo coman los zopes.

Al Coyote le costaba seguir fingiendo, pero tenía que aguantar hasta que el Conejo estuviera totalmente a su alcance.

— Mmmmm —dijo el Conejo— El Tío Coyote está de verdad bien muerto... Sólo una cosa me extraña..... Yo sabía que a los muertos se le salen los pedos.

Y el Coyote, para fingir su muerte del todo real dejó escapar un aire... lo que provocó una sonora carcajada del Conejo.

— Búsquese otro bobo, Tío Coyote, que todavía no ha nacido el que me va a comer.

Y salió saltando, tan campante como siempre.

EL CONEJO Y EL GIGANTE DE SIETE CABEZAS

Erase una vez un gigante que vivía en un castillo viejo y derruido, en lo más profundo de la selva. Medía más de cinco varas de alto, tenía el cuerpo normal pero de sus hombros salían siete cabezas, con las que podía vigilar para todos lados.

Las tumbas de los enemigos, intrusos, ladrones y curiosos rodeaban el castillo. El gigante era verdaderamente invencible.

Un día, una pequeña niña de cabellos dorados y ojos más azules que el color del cielo, se separó de sus padres perdiéndose en el bosque. Llegó cerca del castillo y el Gigante la encontróó dormida entre unas matas y la llevó con gran ternura. La cuidó con mucho esmero y la niña creció, cada día más linda. Cuando ya llegaba a los quince años, el Gigante le manifestó sus deseos de casarse con ella.

La niña se aterrorizó.

— No , no puede ser. —Aunque él es tan bueno. Pero no puedo casarme con alguien a quien digo papá.

Y no sabiendo que hacer huyó del castillo cuando el Gigante estaba ausente.

Cuando éste regresó montó en cólera y desde lejos se oían los alaridos de furia y el resonar de la espada contra las peñas. La niña corría desesperada a través del bosque, cuando de repente encontró al Tigre.

— ¿A dónde corres niña bella, que ojos faltan para verte?

— Mi padre, el Gigante de Siete Cabezas me persigue y quiere atraparme.

— Escóndete tras de mí que yo te defiendo.

Al poco rato llegó el Gigante y preguntó:

— ¿Has visto una niña tan linda, que ojos faltan para verla?

— No, no la he visto, pero aquí la tengo —contestó el Tigre.

Y se le plantó en el camino. Y aunque el Tigre se defendió como pudo, la espada del Gigante lo atravesó.

La niña siguió corriendo y al llegar a la orilla de un río, el León, que bebía agua, le preguntó:

— ¿Por qué corres, linda niña, que ojos faltan para verte?

— Mi padre, el Gigante, ha enloquecido y quiere casarse conmigo. Si no accedo, me matará.

— Escóndete tras de mí, que yo te defiendo.

Cuando llegó el Gigante con los siete pares de ojos encendidos de ira, preguntó directamente al León:

— ¿Has visto una niña tan bella, que ojos faltan para verla?

— No, no la he visto; pero aquí la tengo.

Aunque el León peleó con bravura terminó a los pies del Gigante, partido por la mitad.

La niña continuó su carrera y encontró al Coyote. Este envalentonado y por no quedar mal también intentó proteger a la niña, repitiéndose el mismo intercambio de palabras. Corrió la misma suerte que sus parientes más grandes y aunque no luchó del todo peor, sucumbió.

Por fin, ya sin esperanzas, cansada, se sentó sobre una piedra a llorar su desventura. En eso apareció el Conejo, quien hizo la misma pregunta.

— ¿Por qué corres niña hermosa, que ojos faltan para verte?

— Mi padre, el Siete Cabezas, me persigue, quiere casarse conmigo y si no acepto me matará.

— Escóndete en mi casita, que yo te defiendo.

—Ay, Conejito, te agradezco. Ya no tengo salvación. Ya mi padre mató a los animales de garra, los más bravos de la selva que quisieron protegerme. No Conejito, mejor vete y yo esperaré aquí a que se cumpla mi destino.

El Conejo insistió tanto y la niña lo vio tan valiente y decidido que por fin fue a refugiarse a su casita. El Conejo sacó el mollejón y se puso a sacarle filo a su jirique. Lo dejó reluciente y se fue a esperar al camino.

Al rato se oyó la quebrazón de palos y los bufidos del Gigante.

— Eh, animalucho orejón. ¿Has visto una niña tan bella, que ojos faltan para verla?

El Conejo se paró en sus patitas traseras y con la voz más ronca que le salió, le contestó:

— ¡No, no la he visto, pero yo la tengo y la defiendo!

Sólo porque el Gigante estaba tan furioso no le dió un ataque de risa.

— Mira Conejo, otro día bromeamos, pero hoy no estoy para esto— y le lanzó tremendo golpe con la espada. El Conejo ágilmente saltaba de un lado para otro y el Gigante no podía alcanzarlo.

En una de esas, se le metió entre las piernas y ¡zás! le cortó un tendón con el cuchillo. El Gigante cojeaba y seguía tirando golpes. De repente... ¡zás! y le hirió la otra pierna. El Gigante perdió el equilibrio y cayó cuan largo era. Presto el Conejo saltó encima y le atravesó el corazón.

Así terminó el Siete Cabezas. La niña lloró mucho, pues lo quería como a un padre y nunca se imaginó que se transformaría de tal manera.

— Bueno, niña— dijo el Conejo. Estamos muy lejos de donde viven los hombres. Quédate aquí y te cuidaré.

Y así fue. La joven ayudaba al Conejo a mantener limpia la casita y a desyerbar el huerto y al Conejo no le faltaban sus frescas zanahorias y lechugas. Pasó el tiempo y ambos vivían felices.

Un día en que la joven recogía flores y moras a la orilla del bosque, acertó a pasar por el camino, montado en una hermosa mula, un caballero de porte distinguido. Verla y prendarse de ella fue uno sólo. Desde entonces solía visitarla a menudo, hasta que un día le expresó su deseo de llevarla a la ciudad para casarse con ella.

— No puedo, al Conejo le debo la vida y mi dicha. No puedo dejarlo. Tiene que hablar con él.

— Tío Conejo— se acercó el Caballero. Yo soy el Príncipe del reino *Traslaloma* y quiero hacer feliz a la niña. La quiero como mi esposa.

— Si es así, te la entrego para que le des la dicha y el hogar que le ha faltado.

La niña se interpuso.

— Me voy con una condición. El Conejo se viene conmigo y vivirá con nosotros.

Todos estuvieron de acuerdo y el Conejo lió sus bártulos. Fueron a la ciudad y en medio de uno de los más bonitos jardines del Palacio construyeron la casita del Conejo, rodeada de un extenso huerto lleno de ricas lechugas y zanahorias.

Cuando murió el Rey, el Príncipe subió al trono. La niña fue muy feliz y al Conejo le tocó cuidar muchos nietecitos. Se hizo muy viejo y el Príncipe lo nombró Consejero Real.

Y me subo en un potro para que me cuenten otro.....

EL CUMPLEAÑOS DE TIO CONEJO

En una ocasión se le ocurrió al Tío Conejo celebrar su cumpleaños y decidió hacer una fiesta e invitar a todos sus amigos.

Salió de su casa y fue a donde cada uno e invitó al Tío Sapo, Tío Coyote, Tía Zorra, Tío Cangrejo, a la Tía Palomita y demás animales del campo. Aunque no dejaban de dudar de la sinceridad del Conejo por las pasaditas que a más de alguno de ellos le había hecho, decidieron aceptar para ir a echar una cana al aire.

El Conejo pensó en conseguir una buena orquesta y contrató al grillo, chiquirines y chicharras para que amenizaran la parranda. Todos llegaron con sus instrumentos bien afinados: guitarras, guitarrillas, mandolinas, violines y acordeón, todo estaba que tronaba.

Poco a poco, de los montes, charrales y cuevas empezaron a llegar los invitados, muy puntuales, bien catrines y mantecados; se habían echado perfume Siete Machos de la mejor marca.

Cada uno con su regalo llegaron a la casa del Conejo, que la había adornado con bejucos de campanilla, pues era época de la florescencia, y las había de todos colores. En las mesas había colocado ramilletes de flores de barajo y tatascame.

Todos se acomodaron en los taburetes y banquetas y... a bailar se dijo.

Tío Conejo, siempre atento, había preparado rica comida para cada gusto, sin faltar las chicha y el chaparro, lo que hizo que a la media noche todos bailaron el zafacaite y el fandango; ya bastante carones vivaban al cumpleañero; ¡Viva el Tío Conejo!

Todo era alegría, cuando de repente, paró la orquesta y todos gritaban que qué pasaba, pues se había escuchado un ruido espantoso. No ha pasado nada, señores, explicaron, sólo que las chicharras reventaron de tanto cantar y han dejado nada más que el cascarón.

Qué lástima que terminó la fiesta y todos estaban un poco tristes, pero se deshicieron en alabanzas al Conejo que no había sido culpa de él y que por primera vez en su vida había cumplido su promesa, sin andar con malas jugadas . Nada más que sintiendo el triste fin de las chicharras, pero que ya les está predestinado, y se quedaron esperando otra fiesta para el próximo año, pues quedaron dulcitos.

Y... a los buenos Dios los premia y yo me meto en un barril para que me cuenten mil.

EL ENGAÑO DE TIO CONEJO - EL RODILLON

Un día, andaban Tío Conejo y Tío Coyote de cherada paseando por el campo. De repente dice Tío Conejo:

— Mire, Tío Coyote, ¿Y usted ya ha tentado el cielo?

— No, respondió — eso nunca.

— Pues mire, en aquella loma, desde aquellos palos altos se puede tentar el cielo. Si usted se sube al más galán lo tienta y, además, aprovechamos que está la mera cosecha de jocotes jobos.

— Pero hay un problemita— dijo el Coyote — Yo no me puedo subir a los palos.

— Por eso no hay problema, pues yo le echo culata y después usted me ayuda a subir y así usted hasta puede quizás coger un pedazo de cielo y llevárselo a su cueva.

Y se fueron los dos de grandes cheros, atravesando la montaña.

— ¿Y cuándo vamos a llegar, Conejito? Yo hallo lejos la loma.

— Ya luego...

Lo que ocurría es que el Conejo ya había vigiado en el árbol más alto, un volador, dos grandes panales de guitarrón. Cuando al fin llegaron, le dijo:

— A este palo nos subimos.

— ¡Puerca! Está fregada la subida. Y ni siquiera es un jobo.

— Agárrese nada más del primer gancho, yo lo empujo y se sube. Y al regreso nos damos la gran comida de jobos. Bueno, súbase al fin, yo lo que quiero es que usted toque el cielo y hasta puede traerse un pedazo de nube para enseñárselo a los otros cheros.

Por fin los dos se fueron hacia arriba y el Conejo insistía.

— Pero cójase bien de aquella rama.

Y señalaba precisamente en la que estaban los panales. El ya tenía su pensada de sacudir la rama cuando el Coyote llegara cerca.

— Apúrese que ya merito va a tentar el cielo.

El Conejo que iba más abajo sacudió la rama y las avispas atacaron al Coyote, dejándolo todo borroñoso y hasta los ojos le picaron quedando todo hinchado.

El bizarro del Conejo se bajó de un solo choyón y ya abajo se reía de la mala jugada.

— Hoy vamos a comer jocotes jobos, viera qué buenos son.

— ¡Vas a ver, Conejo sinvergüenza! Este engaño me lo vas a pagar doble y sólo que no nos volvamos a ver no te meto los dientes.

El Conejo salió huyendo pero gozando de la fregada que le dio al Coyote. Pasaban los días y el Conejo no se dejaba ver por ningún lado.

Ya cuando había pasado más de un mes pensó:

— Bueno, aquel chero ya habrá olvidado la chuceada y la bromita que le hice.

Pensando en eso iba, cuando apareció de repente el Coyote.

— ¡Hoy sí, Conejo, te llegó el fin!

Pero el Conejo alcanzó a ver una cueva cerca y se metió de cabeza rápidamente, dejando el trasero para afuera.

El Coyote estaba tan bravo que no se fijó cómo entró el Conejo, y este se metió más adentro, en lo más estrecho, en donde ya no cabía el Coyote y sólo podía meter la pata y tentaba las nalgas del Conejo.

— Ay— decía éste— No me jale tanto el rodillón que me lo va a quebrar.

Y la voz dentro de la cueva resonaba y se oía ronca y tenebrosa. El Coyote se puso pensativo.

— Bueno. ¿Qué me habré equivocado? ¿Que no será el Conejo? Pero yo vi cabal que aquí se metía— se decía a sí mismo y lo volvía a tocar y se oía nuevamente la voz ronca y ya enojada:

— Le digo que no me toque el rodillón.

— Para tener tamaño rodillón debe de ser un animal grandote. ¿Quién es usted, pues?

— Eso no le importa, yo vengo aquí a dormir. No insista y si me sigue molestando, me va a conocer.

— Bueno, perdone, yo creía que era el Conejo.

— No hay que andar creyendo.

El Coyote se retiró, pero se quedó a la espectativa algo cerca. El Conejo no se confiaba pero cuando vio que se fue definitivamente salió hecho un chipuste y gritando:

— Así se engañan los bobos con manteca de garrobo, demen otro poquito para engañar otro bobo.

El pobre Coyote se dijo resignado:

— Este bendito Conejo sí me volvió a fregar...

Y me meto en un barril para que me cuenten mil.

Y así terminamos con los Cuentos del autóctono Tío Conejo salvadoreño o mejor dicho chiltiupaneco.

GLOSARIO

A

Acomodar: Hospedar. Dar acomodo. Emplear.

Aguadero: Pozo donde van a beber agua el ganado y animales.

Albarda: Montura de cuero crudo, con faldones para proteger las piernas de las zarzas. La usan los vaqueros.

Apangado: Tonto. Baboso.

A pata: A pie.

Aporrear (frijoles y otros cereales): Golpear los frijoles secos en vaina con un madero (garrote) para separar el frijol de la cáscara.

Azurumbado: Mareado, tonto.

B

Babosadas: Tonterías.

Barajo: Mezclar el naipe despacio. Arbusto o árbol pequeño. Racimos de flores amarillas muy llamativas, en la estación seca. El nombre sugiere que las hojas cerradas al anochecer asemejan una baraja de naipes.

Bocancha: Boca ancha, por la forma de la boca del sapo.

Borroñoso: Piel con verrugas.

Bordón (cito): Bastón de madera.

C

Cabos: Cuernos del buey, de la vaca, etc.

Caja de lustre: Malas palabras. Expresiones vulgares.

Cangrejo chilate: Crustáceo de río de color blancuzco. Le llaman también «lechoso». Lo utilizan para hacer sopa para que abunde la leche a las crianderas.

Caña brava: Gramínea, de altura mediana. De los bambúes. Filosa.

Capi: Capital. Ciudad capital (San Salvador).

Carones: Con los primeros indicios de beber alcohol.

Carambola: Juego. Tocar una pelota con otra.

Catrín (es): Elegante

Cipote (s): Niño, niños.

Cirindanga: Emborrachada.

Corvo: Machete.

Coyol (es): Fruto comestible del huiscoyol. Testículo.

Cuitas: Penas, problemas.

Culistío: Acobardado, temeroso. Rogado.

Chancleta (s): Sandalias. Zapatos viejos.

Chaparro: Bebida alcohólica del campo, destilada de chicha de frutas o maíz.

Chero: Amigo, buen amigo.

Cherada: Grupo de amigos, círculo de amistades. Grulla. Actualmente, «Mara».

Chibolitas: Pelotitas. Excremento del conejo.

Chicha: Bebida fermentada preparada con maíz, cáscaras de piña (u otra fruta), afrecho. Dícese que para inducir la fermentación se introduce una bolsita con excremento humano.

Chicharra: Insecto. Vive como larva en el suelo y surge a cantar en las proximidades de Semana Santa.

Chichicaste: Arbusto urticáceo (que quema la piel).

Chimichaca: Gramínea de poco grosor, de los bambúes. Utilizada para hacer barriletes (piscuchas).

Chipuste: Pelota de cera, usado en las puntas de la flecha. De aquí que ir rápido se dice, ir como un chipuste.

Chiquirín: Insecto semejante a la chicharra, más pequeño.

Chiveada (ita): Jugada de dados (mejor si es clandestina).

Chivito: Hijo de la vaca, ternero.

Choteada: paseo.

Choquita: Corta de vista.

Choyón: Deslizarse por un árbol o una pendiente, ya sea abrazando el árbol o sentado. Lastimadura. Rozadura.

Chuceada: Picada. Picadura de las abejas, avispas y otros insectos.

Chumelo: Clase de avispa que hace su nido en huecos de los árboles de bálsamo. Produce miel y cera negra.

D **Dicho:** Refrán.

Diule: De hule, líquido extraído del árbol de hule.

E **Echar culata:** Empujar a alguien hacia arriba, tomándolo de las posaderas.

F **Fregada:** Mala jugada. Más vulgar es «jodida».

Fritada: Cocimiento de órganos internos grasosos del cerdo.

G **Ganchada:** Manotazo, pescozón, más vulgar es «vergazo». Muy común.

Grifo: Erizado.

Guacal: Depósito generalmente de fruto de morro o de calabaza como utensilio de cocina.

Guata: Escopeta de dos cañones. Gemela.

Guitarrón: Avispa de picada muy dolorosa. Hace su nido (panales) pegado a las ramas, en lo alto de los árboles.

H **Huiscoyol:** Arbusto espinoso de las palmas. Constituye espesuras cerradas en las selvas de la Costa. Frutos comestibles utilizados para adornar la Cruz del 3 de mayo.

Huiscoyolar: Asociación de huiscoyoles.

J **Jirique:** Arma cortante desgastada (corvo o cuma). Generalmente delgado y muy filoso.

Jobo: Arbol de fruto comestible, de los jocotes.

Jocotes jobos: Nombre específico para el jobo.

Juilines: Pececillos de río.

Jutes: Crustáceos de agua dulce, de río.

L **Lipidia:** pobreza.

M

Machetear: Dar con el machete, dar de machetazos.

Machorra: Asociación secundaria arbustiva, muy densa que surge al abandonar un terreno de cultivo. Sitio ideal para escondrijo del ganado.

Malandrín: Sin oficio, criminalucho.

Matate: Red de hilo de maguey, utilizada para guardar y transportar productos agrícolas secos: maíz, etc.

Mero, merito: Casi, ya casi. Por poco. Exacto. Exactamente.

Mollejón: Piedra para afilar armas cortantes.

Morro: Arbol mediano aparrado. Produce frutos redondos de los que se hacen depósitos. Semilla comestible en refrescos (horchata).

Movida (ita): Jugada, jugadita. Trampa.

Mudada: Traje. Entre los indios, camisa y pantalón.

N

Nixtamalero: Venus, cuando se ve por la madrugada.

Ñ

Ñor: Apócope de señor. Don.

P

Pacha: Plana.

Parranda: Fiesta, fiestón. Baile. Celebración.

Pasada (ita): Anécdota. Salida. Broma. Jugarreta.

Pase (s): Pasos de baile.

Peregueteando: Correteando a caballo, desordenadamente.

Pisto: Dinero.

Q

Quedar dulcito: Quedar invitado. Que le agradó o gustó mucho.

R

Ramazón: Astas de los venados. Semejanza con los cangrejos cuando en posición defensiva levantan los brazos.

Reculada: Hacia atrás.

Rodillón: Rodilla grande.

S

Salida: Ocurrencia, indiscreción. Imprudencia, va más allá de lo que debe ser. Dícese de la persona falta de reflexión en el hablar. Muy usado con los niños.

Shalpa: Playa en el Departamento de La Libertad.

Soplar (frijoles): Tirar los frijoles ya aporreados de un canasto al suelo, para que el viento lleve los restos de cáscara

Suero: Líquido que suelta el queso.

T

Tatascame: Arbusto, produce flores blancas, crece en las alturas, común en la cumbre.

Tecomate: Depósito para guardar agua, fabricado de una calabaza de dos compartimientos, ceñido del medio. La churumba no está ceñida y es de morro, es alargada. Jícara.

Tentar: Tocar.

Tineco (s): Famosos frijoles negritos cosechados en San Martín, Dpto. de San Salvador y alrededores.

Tortolo: Nudo que se le hace a la boca de un matate para cerrarlo. Se utiliza un pedazo de madera y se le da vueltas.

Traslaloma: Detrás de la loma.

V

Vigiar: Espiar, vigilar.

Volador: Arbol de las tierras calientes, de corteza lisa y clara, porque la cáscara se despega muy fácil. Muy alto.

Z

Zacateconejo: Zacate de Conejo. Gramínea herbácea muy suave. Los conejos lo utilizan para los nidos.

Zafacaite: Danza del siglo pasado, acompañada de acordéon y guitarrilla.

Zapote: Fruto comestible del árbol silvestre del mismo nombre. Cáscara café e interior rojo vivo. La semilla muy dura es el sapuyulo.

Zope: Ave rapaz diurna. Se alimenta de carroña. Muy común en las ciudades.

Zumba: Emborrachada. «Andar en zumba»: Permanecer bebiendo licor varios días.

IMPRESO EN
EL SALVADOR, C.A.

por: Asociación Institución Salesiana
IMPRENTA Y OFFSET RICALDONE
para EDITORIAL CLASICOS ROXSIL
Final Av. Hno. Julio Gaitán,
Santa Tecla Telefax: 2229-0308
c.26761 / Mayo 2008

CALIDAD	Arrr	EJEMPLARES